Así es mi mundo

LOS INCAS

por Patricia McKissack

Traductor: Roberto Franco
Consultante: Dr. Orlando Martinez-Miller

CHILDRENS PRESS ®
CHICAGO

Botes de juncos en el Lago Titicaca, en Bolivia

Library of Congress Cataloging in Publication Data

McKissack, Pat, 1944-
The Inca.

Includes index.
Summary: Traces the rise of the Incan civilization with emphasis on their culture, social structure, government, economy, and the fatal encounter with the Spanish conquistadors which brought about the end of their society.
1. Incas—Juvenile literature. [1. Incas.
[2. Indians of South America] I. Title.
F3429.M43 1985   985'.01   85-6712
                    AACR2

CONTENIDO

Los incas construyeron la ciudad de Machu Picchu en la cima de una montaña, a unas cincuenta millas de Cuzco, Perú. Hiram Bingham descubrió la antigua ciudad en 1911.

HIJOS DEL SOL

Ya había gente en la Cordillera de los Andes del Perú en el año 5000 a.C. Vivían en pequeñas tribus y cultivaban frutas y legumbres.

Cerca del año 1200 d.C., los indios quechuas empezaron a conquistar a las tribus más débiles de la región. Las unieron bajo un solo rey, llamado el Inca.

Con el tiempo, la palabra *inca* se aplicó a toda la

Plaza Mayor de Cuzco. Pachacuti hizo de Cuzco la capital del Imperio Incaico en 1438.

nación. Significaba "Hijos del Sol".

Cuzco era la capital de los incas.

En 1438, Pachacuti se convirtió en el noveno rey inca. Pachacuti era un monarca sabio. En lugar de matar a los jóvenes de las tribus conquistadas, los entrenaba para que le sirvieran como soldados.

Como Pachacuti alimentaba bien a sus hombres, éstos permanecían leales a su rey. La civilización inca alcanzó su cenit durante su reinado.

Cuando los españoles llegaron en 1532, el Imperio

Cordillera de los Andes

IMPERIO INCA

Río Amazonas

Cordillera de los Andes

El Imperio Incaico fue una de las civilizaciones más importantes de la América del Sur.

Incaico tenía una extensión de 2,500 millas, y una población de doce millones de personas. Se extendía desde Ecuador hasta Chile. Toda la población inca estaba unificada bajo un solo monarca, una sola lengua, y un solo modo de vida.

EL PUEBLO INCA

Los incas eran de hermosa apariencia. Tenían la piel cobriza, los ojos negros, y el cabello grueso. Los hombres medían unos cinco pies, tres pulgadas de estatura, y las mujeres un poco menos de cinco pies.

Vivir en grandes altitudes les permitió a los incas desarrollar fuertes pulmones. Podían trabajar por largos períodos de tiempo, sin fatigarse.

La gente vestía ropa sencilla, tejida de lana o de algodón. Cada campesino tenía dos vestuarios: uno para el uso diario y el otro para las ocasiones especiales.

Los hombres incas vestían un taparrabo, cubierto por un camisón sin mangas que les llegaba hasta las rodillas. Una capa de lana les servía de abrigo en las noches frías. El rey vestía el mismo tipo de ropa, pero la suya tenía hermosos adornos.

Los descendientes de los incas todavía visten pintorescas capas (izquierda) y los sombreros de Panamá (derecha).

Las mujeres incas vestían una túnica que les llegaba al tobillo, atada con un cinturón tejido. También llevaban una capa o mantón.

Ambos, los hombres y las

11

El jarrón de alfarería peruana (izquierda) y los intrincados diseños tejidos de las telas (derecha) evocan la cultura incaica.

mujeres, usaban sandalias o andaban descalzos. Las mujeres usualmente se peinaban con la raya al medio y usaban adornos en el cabello. Los hombres usaban melenas cortas.

12

GOBIERNO Y LEYES DE LOS INCAS

El rey era el jefe del gobierno incaico. El y su esposa eran considerados semidioses.

Aunque el rey era todopoderoso, era aconsejado por el Consejo Supremo, compuesto de miembros de su familia. También servían en el gobierno otros miembros de la clase gobernante. Por cada

10,000 personas, había 1,331 funcionarios del gobierno.

El rey ocupaba el trono de por vida. Al morir, su cuerpo era momificado y sepultado

Cacique local en el mercado de Pizac (abajo), y la momia increíblemente bien conservada (derecha), de un miembro de la clase gobernante.

en su palacio. A sus sirvientes los mataban y los sepultaban cerca de él. A veces la reina decidía morir con su marido.

La mayoría de las familias incas cultivaban tierras comunales. Estas familias eran gobernadas por un funcionario que ellas elegían, el cual las representaba ante el jefe del distrito. Este estaba subordinado a un jefe territorial, el cual estaba directamente bajo el rey.

Cada año, los jefes locales decidían cuánta tierra iban a necesitar las familias a su cargo. Si había un recién nacido, la familia recibía más tierra. Si uno de sus miembros había muerto o se había casado, la familia recibía menos tierra.

Los hombres de veintiuno a cuarenta y cinco años de edad, tenían que trabajar en proyectos de construcción del gobierno, y servir en el ejército. Durante el tiempo que el hombre servía al

En la actualidad, los incas utilizan arados tirados por animales de trabajo para labrar la tierra. Pero una gran parte del trabajo todavía se hace a mano.

gobierno, sus vecinos le cuidaban sus cultivos.

De acuerdo con la ley, nadie podía carecer de alimento, ropa ni vivienda. Todas las personas, hombres, mujeres y niños, tenían que trabajar. Las únicas excepciones eran los enfermos y los imposibilitados.

Una parte de cada cosecha se le daba al rey para almacenar. Cuando fallaban las cosechas, se abrían los almacenes y se alimentaba al pueblo.

La holgazanería era un crimen contra el rey, equivalente a la traición. Los asesinos y ladrones eran ejecutados. Pero si un ladrón podía probar que en realidad necesitaba lo que había robado, se castigaba al funcionario responsable de suplir las necesidades del ladrón.

NIÑEZ Y JUVENTUD DE LOS INCAS

A los niños incas no se les daba un nombre al nacer. Sólo se les llamaba *wawa*, que quiere decir "bebé". A los dos años de edad, el niño recibía un apodo. A los trece o catorce años, los varones

empezaban a llevar taparrabo, que era símbolo de madurez. Entonces, el joven escogía su nombre permanente.

Los hijos de familias ricas eran enviados a Cuzco, donde recibían su educación y se convertían en miembros de la clase gobernante.

Cerca de los catorce años de edad, las niñas pasaban por el rito de peinarles el cabello. Entonces, ellas también escogían su nombre permanente y podían casarse. Las muchachas bonitas o

Dibujo de una reina inca y su princesa, que data del siglo XIX (izquierda). Una india de la época actual (derecha).

inteligentes a menudo eran enviadas a Cuzco para convertirlas en "mujeres escogidas". Recibían instrucción para ser esposas de la clase gobernante, o para servir como sacerdotisas de los templos.

Al llegar a los veinte años de edad, los hombres ya tenían que estar casados. Si un joven no había escogido esposa, le asignaban una. Las bodas eran sencillas. El novio y la novia se tomaban de la mano y se intercambiaban las sandalias. Después, había una fiesta.

Todos los miembros de la comunidad ayudaban a la joven pareja a construir su casa. Las casas de los incas eran sencillas: una habitación grande hecha de

Los incas vivían en pequeñas aldeas (arriba). Todas las casas tenían techo de zacate y una sola puerta (izquierda). Los indios todavía viven en chozas de piedra.

piedras enjarradas con lodo. El techo era de zacate y muy empinado. No había ventanas.

Los incas se levantaban al alba, se comían lo que había quedado de la cena, y luego

El maíz (izquierda) es aún un cultivo importante.
Lo que no se consune se vende en los mercados.

salían a trabajar en los
campos. A media mañana,
comían fruta, carne de
conejillo de Indias, pato,
maíz tierno en la mazorca,
o papas.

Más tarde, en los campos,
hacían una merienda de carne
seca. Por la noche, cenaban
un guiso de maíz y chiles.

Los incas hacían terrazas en las laderas de las montañas para evitar la erosión de la tierra y facilitar la irrigación.

AGRICULTURA Y GANADERIA

Los campesinos incas no usaban animales de trabajo, sin embargo, eran excelentes agricultores. Construían terrazas en las montañas para

Los descendientes de los incas cultivan los mismos productos (arriba, a la izquierda), visten ropa del mismo estilo (arriba, a la derecha), y pastorean alpacas (abajo) casi de la misma manera en que sus antepasados lo hacían hace siglos.

aumentar sus tierras de labranza. Excavaban canales de irrigación, y usaban fertilizantes.

En las tierras bajas, los cultivos principales eran los tomates, las frutas tropicales y el algodón. En las montañas, cultivaban papas. Una masa hecha de papas congeladas, exprimidas y secadas al sol era una comida muy sabrosa.

En las alturas de los Andes, donde no se podía cultivar nada, los incas pastoreaban llamas y alpacas. Estos

Vicuña (izquierda) y llamas (derecha).

animales les suministraban
lana y carne.

Todos los años, los pastores
incas les cortaban su larga
lana a las vicuñas salvajes, y
luego las dejaban libres.
Solamente el rey podía vestir
ropa hecha de lana de vicuña.

CAMINOS, MENSAJEROS Y CONSTRUCCIONES

Los incas construyeron un sistema de caminos de 10,000 millas. Hicieron caminos en la roca sólida, sobre las barrancas de las montañas, y a través de las llanuras desérticas. Los construyeron sin utilizar vehículos con ruedas ni animales de trabajo.

Los incas construyeron puentes de suspensión y de pontones.

Este puente de suspensión (izquierda) está construido sobre cimientos de piedra hechos por los incas. Este sendero (derecha) va a Machu Picchu.

Los mensajes y paquetes se enviaban de una ciudad a otra por medio de mensajeros o corredores. En todos los caminos, cada dos millas, había una pequeña choza. Allí esperaba un corredor. Los mensajes y paquetes pasaban

En las ruinas de la casa de un noble inca, los visitantes pueden observar cómo el agua se hacía llegar hasta el baño. El agua de este baño ha estado corriendo desde el siglo XV.

de un corredor a otro. Se dice que los corredores incas podían cubrir más de 420 millas en sólo tres días.

Sacsahuamán, la gran fortaleza de piedras del Cuzco, fue construida sin usar clavos, madera, ruedas ni animales de trabajo. Su construcción se inició en 1438. Treinta mil hombres

La fortaleza de Sacsahuamán, igual que todos los grandes edificios incas, está hecha de rocas que fueron cortadas, pulidas, transportadas por medio de rodillos, y colocadas con precisión por miles de trabajadores.

trabajaron en ella durante setenta años.

La construcción es tan precisa, que no cabe la hoja de un cuchillo entre piedra y piedra, ¡aun después de quinientos años de colocadas!

RELIGION

Los incas eran religiosos.
Viracocha era su dios de la
creación. E Inti, el dios
Sol, era el padre del hombre.
Por eso los incas se llamaban
a sí mismos "Hijos del Sol".

Todo en la naturaleza
estaba relacionado con un
dios o una diosa, hasta el
oro y la plata. El oro era
el sudor del Sol. La plata
era las lágrimas de la Luna.

El hermano del Inca, u otro
pariente cercano, servía de

El dios inca del aire (arriba),
y la lucha entre el dios de
la tierra y el del mar (derecha).

sacerdote mayor y tenía a su cargo todas las ceremonias religiosas.

Los deberes de los sacerdotes incluían dar consejos, curar a los enfermos y presidir en las ceremonias y ritos.

Los incas creían que señales enviadas por los dioses les dirían lo que tenían que hacer.

ARTES Y CIENCIAS

La música ocupaba un lugar importante. Durante las ceremonias religiosas, las sacerdotisas bailaban y cantaban.

Los pastores hacían flautas de madera y las tocaban para calmar a sus rebaños. Entre otros instrumentos incas se incluían campanas, tambores, panderos, trompetas, troncos huecos y conchas de mar.

Los incas poseían excelentes dotes artísticas. Los artesanos manufacturaban joyas, máscaras, y adornos para las orejas. Muchos de

Las mujeres incas (abajo usaban plantas para hacer tintes, y tejían telas en telares. Estos objetos de oro (derecha), tomados de una tumba inca, son ejemplos de las artes incaicas.

Los artesanos de hoy en día producen
y venden diseños incas (izquierda)
y objetos de barro (arriba).

estos productos se vendían
en los mercados incas. Hoy
día, la cerámica inca se
puede admirar en los museos.

Los incas creían que todas
las enfermedades eran
causadas por fuerzas
sobrenaturales. Sin

embargo, hacían exitosas operaciones quirúrgicas en el cerebro. También hacían medicinas de hierbas y raíces.

Para contar, los incas usaban un quipu. Atando nudos en distintos lugares del quipu, podían hacer cuentas y mantener registros.

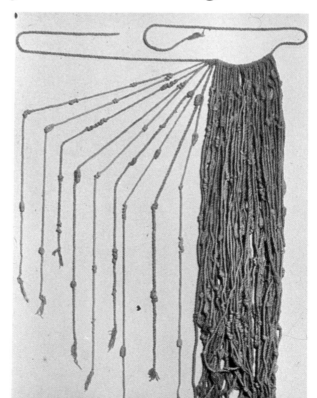

El quipu tenía un hilo grueso principal. De él colgaban otros hilos de diversos gruesos y colores.

FIN DEL IMPERIO INCAICO

En mayo de 1532, Francisco
Pizarro y 180 soldados
españoles desembarcaron en
el continente sudamericano,
en la costa del Pacífico.
Iban en busca de oro.

Atahualpa, el rey inca,
accedió a encontrarse con los
españoles. Cuando entró en
la ciudad de Cajamarca, Perú,
los españoles lo atacaron por
sorpresa. Murieron

Dibujo de soldados incas tomado de una antigua vasija peruana.

centenares de incas.

Por vez primera, el
ejército inca se enfrentó a
una fuerza a la que no pudo
derrotar. Las lanzas y los
escudos no pudieron contra
los cañones y las armaduras
de metal de los españoles.

40

Atahualpa (izquierda) y Francisco Pizarro (derecha).

Además, los españoles iban a caballo, animales que los incas jamás habían visto.

El rey inca fue capturado. Se enviaron corredores por todo el reino con el siguiente mensaje: "Envíen oro para rescatar a Atahualpa". El oro llegó a torrentes desde todos los rincones del imperio incaico.

Se calcula que Pizarro recibió oro con un valor de sesenta y cinco millones de dólares. Aun así, los incas no pudieron salvar a su rey.

Atahualpa estuvo prisionero durante varios meses. Más tarde, en el verano de 1533, los españoles lo ejecutaron.

Los incas se rebelaron, pero los españoles eran demasiado poderosos. La rebelión fue extinguida. El

En 1596, Theodore de Bry hizo este dibujo de los soldados de Pizarro atacando a los incas.

sarampión, la viruela negra y la influenza—llevados por los españoles—causaron miles de muertes. Para 1534, el gran Imperio Incaico estaba totalmente en manos de los españoles.

LOS INCAS DE HOY

Actualmente, hay veinte millones de descendientes de los incas viviendo en el altiplano del Perú. Algunos hablan su antiguo idioma,

Muchos descendientes de los incas viven en ciudades y visten ropa moderna.

llevan ropa del mismo estilo,
y mantienen, en gran parte,
el mismo modo de vida de
sus antepasados de hace
quinientos años.

PALABRAS QUE DEBES SABER

altura—elevación; la distancia a la que está un objeto de la superficie de la tierra o el nivel del mar

antepasados—personas de las cuales desciende uno; por lo general refiere a varias generaciones anteriores

capa—prenda de vestir sencilla que se usa sobre la otra ropa

cerámica—artículos de barro, tales como ollas, platos, etc.

civilización—alto nivel de cultura, desarrollado en cierto período de tiempo

comunidad—grupo de personas que viven en la misma área y que comparten los mismos interes y modo de vida

descendientes—personas que proceden de los mismos antepasados

fortaleza—lugar fortificado contra los ataques del enemigo

imperio—gran territorio y población gobernados por un solo gobierno

leal—fiel; dedicado

momificado—embalsamado; tratado con preservativos antes de sepultarlo

nobleza—gente de la clase más alta de un reino o imperio

sacerdote—hombre que conduce ceremonias o ritos religiosos

sacerdotisa—mujer que conduce ceremonias o ritos religiosos

selva tropical—en las regiones tropicales, un área cubierta de árboles y densa vegetación, en la que llueve copiosamente

sobrenatural—relativo a los dioses, espíritus, fantasmas, etc.

taparrabo—tela usada para cubrir ciertas partes del cuerpo, generalmente en regiones calurosas

templo—edificio dedicado a actividades religiosas

terrazas—escalones cortados en la ladera de una montaña para poder cultivar la tierra

tribu—grupo de personas de la misma raza y las mismas costumbres, que se unen bajo un jefe

túnica—prenda de una sola pieza, con o sin mangas, que generalmente queda muy holgada

INDICE

Sobre la autora

Patricia C. McKissack y su esposo, Fredrick, son escritores
independientes, editores y profesores de composición. Son dueños
y administradores de All-Writing Services, compañía situada en
Clayton, Missouri. La señora McKissack, que ha recibido premios
como editora, y es autora de varias publicaciones, y educadora de
vasta experiencia, ha enseñado en varias universidades de la
ciudad de St. Louis, incluyendo Lindenwood College, la Universidad
de Missouri en St. Louis, y Forest Park Community College.

Desde 1975, la señora McKissack ha publicado numerosos cuentos y
artículos para lectores jóvenes y para adultos. También ha
conducido breves cursos de trabajo editorial y educacional para
numerosas empresas, organizaciones y universidades en diferentes
partes del país.

Patricia McKissack es madre de tres hijos adolescentes. La
familia vive en una gran casa remodelada, en el centro de la
ciudad de St. Louis. Además de sus escritos, que ella considera
tanto un pasatiempo como una carrera, la señora McKissack goza
cuidando de sus numerosas plantas.